서울시인대학 이모저모

서울 시인대학 9~10기 졸업식

서울 시인대학 9~10기 졸업식

서울시인대학 이모저모

서울 시인대학 9~10기 졸업식

서울 시인대학 9~10기 졸업식

서울시인대학 이모저모

서울 시인대학 9~10기 시인 선서문

서울 시인대학 9~10기 졸업식

서울시인대학 이모저모

서울 시인대학 9~10기 졸업식

서울 시인대학 9~10기 졸업식

서울시인대학 이모저모

서울시인대학 부산분교 개교 기념사진

서울시인대학 종강식 한지 퍼포먼스

서울시인대학 이모저모

서울시인대학 최병준 학장의 문학특강

강남문화원 낭송 기념

서울시인대학 이모저모

38, 39, 40기 등단기념

44 · 45 · 46기 등단식 모습

서울시인대학 이모저모

제2호 동인문집 '첫만남의 기쁨' 출판기념회 황순원 문학관에서

제2호 동인문집 '첫만남의 기쁨' 출판기념회

님께

2012. . .

발 간 사

서울시인대학 학장
다울 최병준

오곡백과와 무지개 색깔 단풍들이 눈과 마음을 행복하게 하는 결실의 계절에 제2호 서울시인대학 동인시집 "첫 만남의 기쁨"의 발간을 진심으로 축하합니다.

몇 년 전에 환경부가 공개한 "기후 변화에 의한 한반도 영향 예측 사례"에 따르면 현재의 지구온난화 추세가 계속될 경우 우리나라 기존의 모든 산림생물은 고사되거나 고립돼 멸종 위기에 처한다는 경고가 나왔습니다.

후손들에겐 메뚜기며, 방아깨비, 고추잠자리들과의 어울림을 노래한 시어들이 없어질 것인가? 여름이면 뒷동산에 땀 흘리며 올라가는 수고로움이 있지만 일순간에 땀을 앗아간 시원한 바람과 유난히도 크게 노래한 매미들이 생각납니다.

과학적으로 우리 인간이 살 수 있는 최장의 나이는 120세라고 합니다. 창세기 6장 3절에 여호와께서 인간의 나이를 120년으로 정하는 내용이 나옵니다.

과학적으로 세포가 60회 분열하는데 분열 사이클이 2년이니 누구나 120을 살 수 있으되, 모세가 120세를 끝으로 어느 누구도 120세까지 산 사람이 없습니다.

1961년 이를 발견한 헤이플릭 박사의 이름을 따 이를 해이플릭 한계(Haplick Limit)라 부릅니다. 그럼 왜 120을 살수 없을까? 그 이유는 Pha-4 유전자의 변이(Variations) 때문인데, 이 유전자에 의해 120년 동안 먹을 음식이 다 정해져 있다는 것입니다. 120년 동안 먹을 밥을 60에 모두 먹으면 60에 죽는 것입니다. 우리 모두 소식하여

장수하며, 오래도록 시와 벗하기를 소원합니다.

미국의 대학들은 공학도들에게도 글쓰기 교육(Technical Writing)을 철저히 시키고 있다. MIT, Stanford University, University of California-Berkeley 등을 비롯하여 많은 대학들이 4년여 동안 훈련을 시키고 있습니다. 그래서 대학 졸업 무렵이 되면 거의 작가 수준에 이릅니다.

Johns Hopkins 대학에서는 1876년부터 Research Paper라는 학술작문을 시작하였습니다. 1904년도에는 공학도들의 작문교육이라는 의미의 "Engineering English"를 선보였습니다.

대부분의 대학들은 글쓰기 본부(Writing Center)와 글쓰기학과(Composition and Rhetorical Studies)과 있습니다. 모든 학문의 성패가 논리를 정연하게 전달하는 글쓰기 능력 여부에 달려 있다고 판단한 것이다. 전공과목이나 주제의 깊이 있는 이해와 적용은 오직 해당 주제를 글로 쓰는 과정에서만 가장 효과적으로 달성할 수 있다는 것이다.

하버드대 낸시 서머스 교수는 "신입생 작문교육 연구"에서 1997~2001년까지 학부생 약 1,600명을 연구한 결과 "글쓰기를 활용하여 해당 전공이나 주제를 더 잘 이해했으며, 전공에 더 깊은 관심을 기울이고 수업에도 더 적극적으로 참여했고 수업 후에도 그 과목과 관련한 문제의식이나 새로운 주제를 지속적으로 추구하게 됐다"는 논문을 발표한바 있습니다.

미네소타 주립대의 라이팅 랩은 교수 개별 지도(Individual Conference: IC)와 개인별로 전공 관련 글쓰기 교육을 의무사항으로 하고 있다. 뉴욕 주립대는 작문학과와 독서학과에서 글쓰기 특강에서 독서, 작문 특강을 하고 있습니다.

글쓰기에서 난관(The Writer' s Block)에 부딪히는 원인과 해결 방법, 과학 글쓰기와 문체, 글의 교정 전략, 전공별 참고문헌 작성법 특강 등을 제공하고 있습니다.

보고서에 나타난 문제점을 학생 스스로 발견할 수 있도록 합니다. 글쓰기 도우미가 미리 준비한 질문지를 보면서 서로 대화하고, 그 과정에서 문제점을 진단할 수 있도록 유도하는 암시법을 사용하여 자기 주도적인 글쓰기를 유도하고 있습니다.

대학원에서는 라이팅 프로페셔널즈(Writing Professionals)라는 독특한 직급의 교수가 해박한 전공 지식과 탁월한 글쓰기 실력으로 국제 학술지나 학위논문 작성 지도를 하고 있습니다.

러시아 철학자 비고스키(Lev Vygotsky)는 "분석(Analysis)과 종합(Synthesis)이라는 성인의 지적 발달 과정에 접근하는 가장 유효한 수단은 글쓰기다"고 하였습니다. 글쓰기는 독자와 상호 작용을 하면서 완성하는 사회적 성격의 산물입니다.

우리나라에서도 글쓰기의 중요성을 인식하고 대학교에서 가르치고 있습니다. 모 기업에서는 작문 우수자를 신입사원 채용 시 우대하고 있는 등 학교나 기업에서 글쓰기의 중요성을 강조하고 있는 것은 문학을 하는 한 사람으로써 적극 찬사를 보내는 바입니다.

"웅변은 다른 사람에게 맡기고 나는 오직 행동한다."는 영국의 대처 전 수상이 남긴 유명한 말이 생각납니다. 행동은 10[m] 밖에 가지 못했는데 말은 벌써 100[m]를 지나고 있는 사람이 있습니다. 언행일치가 되지 않으면 신뢰성이 떨어집니다. 한마디의 말도, 행동 하나에도 품위 있게 서로를 배려하는 서울시인대학인이 됩시다.

시를 사랑하며, 문학을 사랑하고 노래하는 가운데 언제 어디서나

시인의 향기가 온 누리에 풍겨나는 동문들이 되시기를 기원합니다.

링컨은" 미래가 좋은 것은 그것이 하루하루씩 다가오기 때문이다" 라고 했습니다. 다가오는 날들이 사랑과 기쁨의 아름다운 선물의 날들이 되시길 기원합니다.

아름다운 추억들과 미래에 대한 꿈과 Vision을 품은 젊은 상상가를 기대합니다.

끝으로 이번 제2호 동인시집 "첫 만남의 기쁨" 의 출간을 위해 온갖 정성을 기울여 주신 국보문학과 서울시인대학 동문 여러분께 감사드리며, 독자님들의 가정에도 시향이 넘치고 형통하시기를 기원합니다.

2012년 10월 가을날

축 사

서울시인대학 부학장
김 블라시오

제2호 동인시집 "첫 만남의 기쁨" 발간에 부쳐…

사랑하고 존경하는 우리 서울시인대학 가족 여러분!

노벨문학상을 지향하는 진솔하고 정직한 순수 문인들의 상아탑인 우리 서울시인대학이 작년에 이어 두 번째 동인시집을 발간하게 된 것을 무엇보다도 기쁘고 보람 있는 일이라고 생각합니다.

그동안 알게 모르게 수고하신 추진위원장님을 비롯한 관계자 모든 분께 진심으로 감사드립니다. 세계 238개국 중 유일무이한 대한민국의 서울시인대학이 한분 한분의 열정과 관심으로 세계 속의 시인대학으로 날로 발전하리라 감히 확신합니다. 그 이유는 누구보다도 열정과 혼신의 힘으로 서울시인대학을 이끌고 계시는 학장님을 중심으로 아름다운 사람들이 모인 곳이기 때문입니다.

공학과 문학을 전공하시고 신학박사이신 최병준 학장님과의 만남은 우리 모두의 큰 자랑이며, 보람이 되시리라 믿습니다.

만남은 인연이지만 관계는 노력입니다.

매일 우리가 만나는 사람은 좋은 사람과 나쁜 사람이 있습니다.

좋은 사람을 만나면 좋은 사람이 되고 나쁜 사람을 만나면 나쁜 사람이 됩니다. 혜안을 가진 노력이 필요합니다.

아무쪼록 이 좋은 계절에 좋은 사람들의 아름다운 글들이 내 마음의 꽃으로 활짝 피어나기를 기대하며, 수고하신 모든 분께 다시 한 번 고개 숙여 감사드립니다.

고맙습니다.

축 사

서울시인대학 제3대 동문회장
서해진

이번 서울시인대학 제2호 동인시집 "첫 만남의 기쁨"을 출간하면서 최병준 학장님과 물심양면으로 도움을 주신 분들과 시심의 향기를 듬뿍 보내주신 서울시인대학 동문 시인님 그리고 재학생 시인님들께 진심으로 감사드립니다.

청명한 가을하늘 아래 시낭송회와 시화전 등 문학전시회를 접할 때 마다 가파른 세상의 삶속에서 독자들을 위한 소명의식을 깨닫게 됩니다.

"문학인들은 독자들을 위해서 소명의식을 가지고 창작을 해야 한다"는 서울시인대학 최병준 학장님의 강의를 통하여 소명의식을 느끼며, 또한 문학인으로써 위안과 행복을 느낍니다.

우리 동인시집을 대하는 독자들의 가슴속에 사랑과 행복이 가득 넘치리라 의심치 않으며, 우리 서울시인대학이 한국문단과 세계문단을 향한 디딤돌이 될 것을 바라며, 동인시집 발간을 위해 수고하신 모든 분들께 진심으로 감사를 드립니다.

| 차례 |

| 차례 |

시 셋

시 넷

초대시

· **최병준** | 시인의 향기는

초 대 시

시인의 향기는

다울 최병준

새벽바람에
고향의 곡조실어 흥얼거리고
햇빛에 입맞춤한
퇴고하지 못한 일기들이다

휴지 전에는 종이로
숲을 만드는 나무로
산림욕 펼치는 생명으로
뻐꾸기 키우는 둥지였다

죽음 전에는 빛으로
가정의 불기둥으로
세계 일주를 꿈꾸는 청춘으로
사람들을 만드는 역사였다

카오스의 언어를
영의 기적으로 탄생시키는
시인은 세상의 거울이요
세상은 우리들의 놀이터다.

다울 최병준

서울시인대학 학장, 조선대학교 대학원 졸업, 월간 순수문학 등단
뿌리와 열매시 문학회 회장, 노벨문학상추진위원회 회장
다중지능(MI: Multiple Intelligence)협회 회장
한우리낭송문학회 부회장, 한국순수문학인협회 상임이사
(사)한국기술거래사회 부회장, (사)이색업종진흥회 부회장
(사)한국문인협회 회원, 국보문학, 순수문학 외 등단심사위원
한국순수문학상 외 다수
시비제막 : 4월에 내리는 눈(현대문학 100인 시비동산 : 충남 보령시)
시집 : 『낙엽은 지축을 흔들고』, 저서 : 『전기기기』, 『전기자기학』
공저 : 『뿌리와 열매』,『대한민국대표명시선』외 다수
논문 : 『A Study on the injected electric charge measurement of polyethylene films』외 다수
연구개발 : 『반도체 Package 공정용 EMC Gun의 개발』외 다수

시 · I

시 | 하나

· 김백곤 | 미로의 꼭지점 외

· 김 블라시오 | 내 마음의 꽃 외

· 김영연 | 침묵의 산 외

· 김해리 | 얼지 않는 바다 외

미로의 꼭지점

김백곤

팔월초순 연이은 불볕더위에
익어 늘어지는 풀 섶을 지나
길 아닌 숲속으로 찾아들었다

재끼고 돌고 숙여가며
붙잡아 당겨 올라
기다시피 오르고 또 오르기를 반나절

간 길을 되돌아가지 않겠다며
길눈마저 지워버린 홀가분함으로
아무도 오고 간 흔적 없는
이름 모를 산 꼭두머리
아득한 꼭지 점에 홀로 서 있다

세상사에 얽매이고 헝클어진 사연들일랑
하찮게 내리 굽어보면서
근심 따윈 아예 밟고 섰다

일상의 상념마저 까맣게 잊고
하얗게 비우기 위해 오늘
오로지 외로움과 미지의 두려움만으로
좌표도 향방도 소용없는 정점에 서서

흩어져 내리는,
한 가닥의 미로를 선택해야 했다
어딘지도 모를 곳으로 가야만 했다

누구도 가지 않았을
급경사를 부여잡고 매달리며
여념 없이 벌벌거려
미끄러져 내리기를 도합 한나절

온 종일 젖고 마른 땀으로
소금 꽃이 하얗게 피어오를 때
맑은 숲의 향기는 폐부 깊숙이 녹아들었고
미로를 벗어나는 가벼운 발걸음만이
다 비워진 하얀 자유를 알고 있었다.

칡넝쿨

오뉴월 화사花蛇의 쾌속이다
오로지 세력 확장을 위해
내달리는 칡 줄기 마디마디에
영역의 뿌리말뚝은 깊숙하게 내리 꽂히고
주위 여타餘他의 자포자기를 끈질기게 강요한다

모질게도 조이며
감아올리던 넝쿨이
임자 없는 하늘먼저
순식간에 앗아 가버렸다

캑캑거리며, 비실거리며,
어둠 속으로…….
캄캄하게 자지러드는 여린 이웃들
아랑곳없이
왕성한 넝쿨은 더욱 더 번성해간다

하늘을 봐야 하루를 사는데
공유한 생존권을 덮쳐 가려는

경악할 두려움의 염려 속으로
주저 없이 집요하게 뻗어만 오고

들이닥친 공포 속에 진저리쳤다
양보 없는 잔인함에 몸부림친다
마지막 본 하늘마저 원망스러워
이제 그만 어둠속으로 잦아들련다.

파 도

더 나아가지 못해
뭍으로 멈춰 선 관념을 향해
깨어져라 질타하고
포효咆哮하는
날 선 하얀 이빨들의 거듭된 위협

어제의 의지를 가벼이 잊고 사는
망각의 태연함에
비망備忘의 사무침으로 달려오는 분노들

끊임없는 생성과 소멸의 반복으로
잠든 염원을 일깨우는
공명의 일렁거림

겨우내 다가서는 희미한 상념마저
끝내 안아 올리지 못한 채
거센 비망의 분노 속으로 휩쓸려 들었고
텅 빈 가슴마저 핥아내려
집요한 아우성으로 휘몰아 가버렸다

지구 통 째 싸안고 내달리며
쉴 새 없이 춤을 추어
거침없이 출렁거려 오는
감동의 푸른 물결이여!

잊혀 진 염원의 노래를 향하여
멈출 줄 모르는 환호성으로 굽이쳐 오는,
오- 나의,
푸른 상념들이여!

힘껏 부딪혀 깨어져 내려라

하얀 웃음으로 쏟아져 내려라.

돌아 온 *돈키호테

여기 저기
개犬 풀 뜯는 소리 요란할 때
그는 예외 없이 화를 냈다

살기 바빠
일 없노라 하면서도
부아가 치밀어 올랐다

아직도 짝사랑 하니까,
이지러져 가는 세상을,
가식 없는 소견머리로

분통이 터지도록
의로움이 아파했을 정의로움으로
이 시대의 *세르반테스는

양심으로
분노로
밤을 지새우며 달려 나갔다

누구나
파랗게
한 방울의 피 말림까지

〈동시〉

개나리

얼기설기 늘어뜨린 가지에 마다
겨울눈이 품었다 간 겨울눈들이
마디마디 솟아올라 하늘을 봐요
나른한 봄 아직까지 발밑에 누워
어서 빨리 가보라고 눈짓만 해요
필까 말까 망설이는 가지 끝으로
금빛해님 다가와서 웃겨 주셔요
까르르르 까르르르 웃고 다니며
노오랗게 노오랗게 봄을 알려요.

김백곤

서울 출생, 거주
월간 국보문학 시 부분 신인상 수상
서울시인대학 9기 졸업
I.L.O(세계노동기구) 국비장학생
일본 중앙기술 연수센터 수료(제철공학)
(주)포항제철 근무
現)무역오퍼상 자영(25년차)
동인시집 : 첫 만남의 기쁨

내 마음의 꽃

효산 김 블라시오

겨울이 지난 자리에 소박하고 신선한 들꽃이
수풀 소복이 가린 양지 바른 곳에서 피어나
새벽의 이슬처럼 얼굴을 내민다

이 꽃 저 꽃 이름 모를 꽃들이
환한 얼굴로 앞서거니 뒤서거니
움츠렸던 고개를 흔들어 댄다

하얀색 노란색 붉은색 형형색색들
어느 화가가 이렇게 아름답게
색깔을 칠할 수 있을까

자연의 신비에 고개 숙인 내 마음의 꽃은
정녕 무슨 색으로 피었는가
나는 무슨 꽃인가.

아내의 사랑

이 세상에 하나뿐인 영원한 동반자
자식위해 남편위해 궂은일 마다않고
좋은 옷 맛난 음식 참고 참아가며
기도와 웃음으로 성 가정 만들었네

자식들 뒷바라지 남모르는 눈물 흘리며
가정교육 책임지고 잘 키워 독립시키고
연로한 부모봉양 정성 다해 보살피니
효부는 시어머니 말하기에 달렸다네

지고지순 아내사랑 이제야 깨달으니
어느덧 세월이 흘러 35년이 지나갔네
남은여생 아내에게 내가할일 무엇인가
조건 없는 사랑으로 천상행복 꿈을 꾼다.

마음경영의 노래

마음경영 행복한 삶 변화 관계 소통
1단계는 나 자신을 2단계는 사랑을
3단계는 자신감을 4단계는 나너우리를
마지막 5단계는 일체유심조

변화자신 관계인맥 소통경청 생활화
하루 중에 이십분을 아침저녁 나를 위해
생각습관 이십일일 행동으로 실천화
마음경영 빛과 소금 TLC 아카데미

그리움

즐거웠던 시간을 그리워하자
보고 싶은 사람을 그리워하자
지난날의 꿈들을 그리워하자

괴로웠던 기억은 잊어버리자
힘들었던 일들은 잊어버리자
웬수같은 사람은 잊어버리자

어제는 지나간 히스토리이다
내일은 영원한 미스터리이다
오늘은 지금은 최고선물이다

한치 앞도 모르는 게 사람이다
용서하고 사랑하며 준비하자
선물 받을 그리움의 그릇들을

머플러 사랑

지나치다 마주친 싸구려 노점상
문득 떠오른 아내의 생일
무슨 선물로 축하할까

이것저것 만지작거리며
집어든 파아란 머플러

예쁜 포장으로 값을 위장하고
고마움과 사랑을 담아
생일 선물이라며 내미는 마음

다음날 아침상의 푸짐함
감사하는 아내의 사랑
되로 주고 말로 받는 기쁨.

넥타이 선물

사랑하는 아내가 선물한
물방울 넥타이
방울방울이 사랑의 표현인가
너무나도 소중히 여긴다
빨 주 노 초 파 남 보
색깔을 다 좋아한다

형형색색의 넥타이를 고르면서
거울 앞에 선 나
싱긋 웃어보는 거울 속에
비친 모습은
남이 나를 바라보는 모습이다

넥타이는 삶의 기본자세를 알려주는
작은 스승이다.

가 족

하나로 연결된 아름다운 고리
각각의 소리가 내는 앙상블의 화음
누구도 흉내 낼 수없는
우리들만의 오케스트라

가장 아름다운 사람들이 모인 곳
편안하고 행복한 작은 교회
사랑이 넘치는 축복받은 사람들
내일의 희망이 넘치는 샘

모두를 소중히 아끼고 사랑하자
가장 귀한 보물중의 보물임을
서로가 부둥켜 안아보자
우리 모두 가족이라는 이름으로.

축하합니다

축하합니다 축하합니다
당신의 영광스런 오늘을 축하합니다

이 세상에 유일무이한 당신의 기쁨을
진심으로 축하드립니다

오늘의 기쁨은 노력의 결과이며
그동안 인내와 수고의 보람입니다

하늘의 천사들도 노래하며
땅에서의 생물들도 춤을 춥니다

축하합니다 축하합니다
당신의 영광스런 오늘을 축하합니다.

진실한 친구

말이 필요 없어 편안하고
눈만 마주쳐도 웃음이 납니다

우정 어린 대화는
마음의 문을 열어주고
믿음의 등대가 됩니다

나의 거울이고
소중한 재산이며
언제나 생각나는 사람입니다

좋은 친구 나쁜 친구는
내가 만들어 갑니다
진실한 친구는 보물입니다.

나는 알았네

나는
알았네
내려갈 때
알았네

올라갈 때
알지 못한
들꽃들의
아우성을.

사 랑

사랑은 마음의 표현입니다
하루에도 오만생각 사슬에
매여 있습니다

사슬을 끊고 나오는
지혜는 누군가의 도움이
필요합니다

우물속의 굴레에서
벗어나는 용기가
사랑을 꽃피웁니다.

영원한 섬 – 독도

우리가 지켜야할 하늘과 땅 그리고 바다
오늘도 동도가 말하고 서도가 외친다
나를 지켜 달라고 그리고 알아 달라고
새들과 별들의 고향 우리의 낙원

600년 전 우산도란 이름으로
세종실록 지리지에 등재된 우리의 땅
왕해국은 알고 있다
강치도 알고 있다

말없이 지켜보는 저 등대와
괭이 갈매기와 슴새도 보고 있다
아름다운 동방의 나라
대한민국의 위대한 섬 독도라고

탕건봉과 삼형제굴 바위의 전설이 담긴
세계를 향해 나아갈 한민족의 땅이 노래한다
독도를 지키고 알아달라고
오늘도 서로 사랑하면서 용서하라고.

* 왕해국 : 독도의 꽃, 강치: 독도의 물개
  슴 새 : 독도의 새, 괭이갈매기: 독도의 갈매기
  탕건봉 : 독도의 높은 봉우리로 탕건처럼 생김

나의 다짐

오늘도 살아있음에 감사하면서
하하하 웃음으로 시작한다

우주만물의 주인이
이 땅에 보내신 높고 깊은 뜻이

세상의 빛이 되라
세상의 소금이 되라
세상에 사랑을 전하라

잘 될 거야
할 수 있을 거야
멋진 사람이야

오늘도 다짐하며
웃음으로 시작한다.

나의 마음

하루에도 수없이 변하는 알파와 오메가
순수하고 고운 우리의 글
한어로 표기하면 심(心)
영어로 표현하면 마인드(Mind)

각각의 형태로 피어나는 꽃
볼 수도 없고 만질 수도 없는
사람마다 다른 신비의 존재

말과 행동으로 드러나는 실체
세월의 흐름 속에 처음의 모습이
점점 더 밝고 건강하게 자라기를
오늘도 조용히 두 손 모아 기도한다.

김블라시오

부산출생, 국가유공자 인성교육전문강사
마음경영연구소장, TLC아카데미원장
서울시인대학 부학장/교수
동아대학교 대체의학연구회 부회장/외래교수
부산문인협회 회원, 한국시낭송회 이사, 백인회 회장
(사)대한검도연합회 부회장,
대한민국 리더스아카데미 공동대표/부산지부장, 국제경영학 석사
발건강관리 1급, 심리상담사1급, 웃음/유머/레크리에이션1급
2012대한민국 명강사33인 선정

침묵의 산

햇샘 김영연

아카시아 향기
코끝 자극해
상쾌해진 기분
초롱 가로등 빛

달리는 기차소리
사연담은 자동차
바삐들 각자 길 찾아
엇갈린 모습

잡고 싶은 맘
하늘 눈 비춰
그리움 종소리
뜨거운 가슴

고요히 물든
밤하늘 숨죽임
우리모습 지킨
높은 산 침묵

서울시인대학

맑은 영혼 숨결
투명 유리마음
구름 솜사탕 풍경
하늘 위 걸린 우주

장미 꿈의 열정 꽃
새콤 캔디 맛 즐거움
피아노 건반나라 춤
에메랄드 빛 이마표

품위 자태 고운그림
웃음꽃 나라 캠퍼스엔
불가마 속 다스림
연마한 인간미 탄생

으르렁 사자 없는 안심풀밭
푸른 초장 고요한 마음
맑은 샘물 흐르는 시냇가
발 담구며 노래한 시인들 모임

벗이여

그 무엇이 그리
바쁜 고 그래 벗이여
내 달려 가리다
내 숨 가피 해결해드리오

그 무엇이 그리
슬픈 고 그래 벗이여
내 달려 가리다
뜨거운 눈물 훔쳐드리오

그 무엇이 그리
기쁜 고 그래 벗이여
내 뛰어 가리다
기쁨 더해 축하드리오

우린 서로 알지 않나
견디고 바라고 지켜
쉬고 걷고 쉬고 그렇게
한세상 살아야 한다는 것을

사색의 벤치

천둥 비바람
묵묵히 견딘 세월
새벽 햇살
황혼 벤치

부서져 눈 속에 밝힌
그대 그리움
초록 물결 철썩인
비릿한 바다 냄새

고요한 달그림자
쓸쓸히 비껴
말없이 스러져
흩어진 파장

시간흐름 균형유지
고운 백사장 뒤안길
시인 푸른 꿈
내 사랑 노래

젊은 날 내 모습

사랑 감전사 다하지 못해
뒤집어진 삶의 집착
치달아 사막 오르막 길
말라 죽을 것 같은 뜨거운 느낌

시련보다 더 무거운 자기연민
높은 기대치 훈련받은 양심보호 그늘
앞산에 걸리는 노을 희망 노래에 담아
흩어져 버린 마음잡아 보고픈 그대여

포근한 위로의 힘 뜨거운 눈물 두볼 위로
타고 흘러 내려 둥글어진 마음 끝자락
또 다시 이해크기 커져만 가는 하루
햇님 얼굴 날마다 맑은 웃음 선사해 주니

헤매던 숱한 긴 방황시간 어지럼증
쓰라린 상처조차 단념으로 풀어 중심 잡아
가볍고 세련된 옷 입은 성숙한 내 모습
밝은 태양으로 물들어 샘물 젖은 입술이고 싶어라!

편두통 생각

극한 아픔 모질음
풀잎 어린 날
가차 없이 끌려나온
사십년 세월

밤하늘 찢는 번개
내 마음 정신
쉴 줄 모르는 발길
떠도는 이상세계

잠들 곳 없는 방황 늪
들판 불던 산들바람
꽃향기 취해 맑아진 꿈
혼돈 어지러움

스러져 비틀거림
내 몸을 쳐 혹독한 매질
다스려 견디어낸
차분해진 내 모습

작은 옛 시인

떨어진 작은 잎사귀하나
가슴에 묻어 사랑하는 이를
위해 나무에 달아
희망을 노래하는 시인

침묵으로 빛나는 날
호수 마음에 맑은 눈동자
가득 넘치게 담아
샘물 흘려 답하는 시인

세상 돌아 얼 킨 실타래 지구한바퀴
시간 흐름에 맡기고 술술 색색물감
풀어 후련해진 성숙한 모습
밝은 태양아래 하루를 맞이하는 시인

휘파람 불며 달려올 그대
한사람 온전한 마음 기다리며
새 하얀 밤 태운 사연 계산 없이 순수한
높은 희생가치 우린 맑은 영혼 시인

김영연

경기 안성출생, 안산거주
월간 국보문학 시 부문 신인상 수상
서울시인대학교재학(中), 안성중대도서관 근무(4년),
나래음악 미술 강사(4년), 하늘채유치원(2년)
현)팔곡아마데우스 어린이집원장, 현)서울시인대학교 총무국장
유아실용음악전공, 아마데우스 음악동화구연가
보육교사 1급, 보육시설장 자격증
리더십 스피치 1급, 어린이 스피치 지도사 1급
미술심리치료사 1급, 45기 국보문학 시 부문 신인상
(사)대한민국국보문학협회 정회원

얼지 않는 바다

김해리

겨울에도 바다는 얼지 않고
햇살 무늬 파도를 품고 있다
가슴 속살 드러내놓고
얼지 못하는 속 깊은 이유는
먼 데서 밤새도록 달려와
안길 사람 있기 때문이다

매서운 바람에 옷깃 여미며
마음의 빗장 걸지 못하고
지천명이 되도록 기다리는 사람
달빛 들여 꽃이불 펴놓은 뜻은
상처 입은 그대의
마지막 보루이기 때문이다

저미는 마음 어쩌지 못하고
동지섣달 강추위에
바다를 만나러 갔다
이제야 왔느냐며 속울음 삼키고
얼굴에 감긴 포말을 털어내며
온몸으로 반겨준다.

연잎 동산

궁벽한 진흙탕 속에
외발 꼿꼿이 세우고
온 힘을 기울여

둥그런 치맛자락
두 팔 벌려 받치고 있다

소망의 꽃을 생산하기 위한
세상에 불을 밝히기 위한
환한 미소의 발레리나

땀방울이 또르르 솟구친다
연잎의 노고에 손 흔드는 바람

잠자리 청개구리
연잎 치마폭
에덴동산에서 평화롭다.

매미의 사랑법

삼복염천에
골수까지 내맡긴 체
칠 년의 무덤 속 사연
오색필로 새기고 있다

칠일의 사랑을 위해
삭혀낸 인고의 시간
자지러질 듯 사랑하다
숨 가쁘게 사위어가는 맴

억겁의 세월 앞에
우리의 인연도 순간이거니
애절함으로 꽃 피웠던
사랑의 시간은 몇 날이었을까

세상 소음에 세뇌되어
귀 막고 돌아서는 발걸음들
천 년 세월의 느티나무
말없이 몸을 내어 주고 있다.

달을 품다

한밤중 눈앞이 환해 잠이 깼다
잘생긴 사내의 눈빛이
품에 안겨 있다

창문을 두 겹씩이나 뚫고
어떻게 들어 왔을까
소리 없이 스며든 걸 보면
힘 좋은 사내일세

밖을 내다보니
은행나무 위에도
교회 담벼락 밑에도
미군 부대 지붕 위에도
사내의 너울가지가 흥건하다
참 오지랖도 넓다

머리 위에서 튼실한
보름달이 웃고 있다
거리를 재어보니 딱 한 뼘
옹골진 밤
밤새도록 깨어 있어도
좋은 밤이다.

개구리 울음보 터지다

무성한 함성
달빛 등지고
결국 울음보가 터졌구나

그래 울 일이 있다면
실컷 울어 보아라

저렇게 들피지도록
서럽게 운다는 건
분명 무슨 연유가 있을 터

맞다
곤곤한 시절
생명줄 잇기 위한
반 토막 난 희생양이
너희 조상의 조상이었더냐

조상의 뒷다리에 힘을 얻어
달을 사냥 해오리라 꿈을 꾸면서
어쩔 수 없었던 선택에
발 뻗고 잔 적 없다

울고 있는 건 살아 있음이요
삶 전체가 눈물이 아니더냐.

김해리

호 : 自耕
전북 정읍 출생　인천거주
월간 국보문학 시 부문 신인상
서울시인대학 재학 중
사랑고용센터 대표
(사)대한민국국보문학협회 정회원
공저 : 제14호 동인문집「내 마음의 숲」

시·II

시 | 둘

보슬비

가은 노흥순

솜사탕 매단 민들레 주위에
앉은뱅이 늦둥이들이
눈을 똥그랗게 뜨고
활짝 웃는다

민들레 향기가 있는지
단 꿀이 있는지
벌들이 찾아 줄지
씨를 맺을 수 있을지

염려한 구름이 바람이 보슬비가
연주회를 열었다
그들의 사랑으로
예쁜 열매 맺었다

사랑의 눈물 없이
피는 꽃 보았느냐
외치는 자연의 합창소리 들린다

조바심

아파트 베란다 문을 열면
손안에 들어올 것 같은
감나무 열매하나

이파리도 남지 않은 가지에
설익은 열매하나
매달려 있네

눈서리가 내리는데
익지도 못한 채 떨어질까 봐
억지로는 따지마 떫거든

제구실을 다할 수 있을 때까지
기다려 주어야 해
눈서리를 맞고 버티는 인고의 세월을

내속의 대나무

내속의 자아를 버려요
속 빈 대나무처럼요

내속의 절개를 굳게 해요
곧은 대나무처럼요

내속의 젊음을 채워요
청청한 대나무 처럼요

내 속의 대나무 처럼요

쓰나미

미친 듯 흰 거품을 물은 파도는
집어삼킬 듯 송두리째
휩쓸고 떠나가려고 했다

살려 달라고 울부짖었다
다시는 그렇게 살지 않겠노라고
울부짖으며 기도했다

노도와 같은 파도에 휩쓸려 가던 배가
피안의 항구에 닻을 깊이 내렸다
웬일인가

떨리고 불안해서
꼬옥 붙잡았다
하늘이 내게 준 소망 한 가닥

창가에 서서

비 내리는 밤은
창문을 닫습니다

울적한 어두움이
젖어 들까봐

눈 오는 날은
창문을 활짝 엽니다

환희의 밝음이
포근히 쌓여질 때에

하얗게 펼쳐지는 하늘 축복
깨끗한 마음

눈 오는 날은
창문을 활짝 엽니다.

오월의 노래

진초록의 향나무
아주 빨간 장미꽃
자연의 색조 눈부시다

새들의 지저귐
풍성하고 아늑한 숲길
어머니의 품이다

어머니는 젊은 날을 그리며

창포로 머리감고 자주댕기와
나비처럼 치마폭 날리며
숲속에서 그네 타는 아가씨들과

씨름판에 건장한 사나이들의
설레는 단오날
나들이를 추억하셨다

지금은
어린이날, 어버이날, 스승의 날
선물 오가며 사랑과 효도와 은공을
기리며 꿀맛 같은 이 오월은
삼라만상이 다 함께 사랑 노래 부른다.

노흥순

이화여자대학교 사범대학 화학과졸업
인천대학교 교육대학원 교육학 석사
중등교장(인천 신흥여중교장)퇴임
옥조 훈장(대통령)
한국수필신인상당선(한국수필가협회회원)
한국문인협회회원, 연수문학 회원
서울시인대학졸업 및 국보문학 시인등단
웰던레스토랑 대표

가을 길을 걸으며

박수현

가을 길을 걸으며
창공에 이름 지어 놓았던 꿈
이 가을에 잘 영글었는지 물어 봅니다

가을 길을 걸으며
가로수와 마음 나누던 말
이 가을에 상처주지 않아나 물어 봅니다

가을 길을 걸으며
코스모스 꽃망울 터트리던 미소
이 가을에 웃음 선물 전 했나 물어 봅니다

가을 길을 걸으며
해님과의 오랜 만남으로 고개 숙인 벼
이 가을에 나 잘랐다 떠들지 않아나 물어 봅니다

가을 길을 걸으며
뺨을 스치고 지나가던 바람
이 가을에 쓰라린 상처 남기지 않아나 물어 봅니다

가을 길을 걸으며
사철 젊음으로 물 드린 총각 소나무
이 가을에 나눔으로 건강을 지켰나 물어 봅니다

가을 길을 걸으며
자연속의 새겨진 인생노트
이 가을에 펼쳐보며 채워나가 봅니다.

지혜로운 말

세상에는 참 보석들이 많지요
진주도
루비도 있고
사파이어도 있지만
그 중에서 가장 귀한 보석은
지혜의 보석입니다

지혜로운 말로
우리 이 가을 다시 시작해 봐요
들국화 향기 전하며
따뜻한 안부 문자 전해요
어떻게 지내냐고
손 내밀어 봐요

창공의 새가 되어
훨훨 날아보아요
아픔의 상처
삶의 무거운 흔적들

이 가을 더 멀리 날 수 있도록
하나 둘 떨어뜨려 봐요

투덜대던 말들
감사의 말로 바꾸어 봐요
시기하던 친구
좋은 점을 찾아 칭찬해 주고
욕심 부리던 마음
나눔을 보람으로 만들어 가요

지혜의 말은
상대를 존중해 주고
소중하게 여기는 것이
지혜를 꽃 피우는 마음예요
지혜의 세상 행복한 세상
우리 함께 만들어 봐요.

이 가을엔

이 가을엔
감사의 단풍으로 물들게 하소서
나만을 보았던
차가운 오만을
붉은빛으로 태우시고
따뜻하게 온 세상 비추어 주소서

이 가을엔
사랑의 열매로 맺게 하소서
뿌리에서 올라온
영양분 차곡차곡 모아
태양빛으로 입히시고
풍성한 열매 고루 나누게 하소서

이 가을엔
하늘과 바다 입맞춤 하게 하소서
높이와 깊이 측정 불가
너그러운 마음 모아

모든 이를 품어 안을 수 있게
겸허히 팔 벌려 무릎 꿇게 하소서

이 가을엔
꽃들의 향기를 닮게 하소서
은은한 코스모스 향기
진한 감동의 국화 향기
인생의 향기 전할 수 있게
희로애락 주인공 되어 전하게 하소서

이 가을엔
한 마리 새가 되어 날게 하소서
아무것도 들지 않고
훨훨 날개 짓 하는
욕심 꾸러미 놓을 수 있게
비움의 마음 허락하게 하소서

이 가을엔
만물을 소생시키는 흙이 되게 하소서
받는 것 하나 없어도
생명의 근원되어 내어주는
우주의 이치 깨달을 수 있게
열린 마음 허락하여 주소서.

미소의 하루

아침이 밝았습니다
미소는 기지개 켜고 웃어봅니다
작게 피어 있는 채송화 곁에
슬며시 하나가 됩니다

해님이 웃습니다
미소는 산들바람 따라 갑니다
작은 지붕에 내려 앉아
아기의 웃음과 하나가 됩니다

별님이 노래합니다
미소는 구루마 끄는 노부부와 발을 맞춥니다
힘겨워 느릿한 걸음 재촉하며
주름살 되어 웃어 줍니다

미소는 말합니다
당신 찾아 여행하는 내일이
어디에 있던 함께 할 거라며
행복한 잠을 청해봅니다.

아름다운 동행

서로 의논 한마디 없이
시작된 만남
네발로 기어 다니며
걸음마을 배워보고
울음으로 알려야만 했던
아름다운 동행으로 떠오른다

함께 웃고 놀아 준 어린 시절
학교 플라타너스 그늘에
수채화 물감 풀어 헤치고
화가의 붓 터치 부럽지 않던
키 작은 소녀의 추억이
아름다운 동행으로 남는다

보리밭 물결 가르며
바람선율에 취해
흔들리는 갈대 장단에 맞춰
저 구름 흘러가는 곳 노래 부르며
방황하던 여고시절
아름다운 동행으로 추억 한다

강산이 네 번 바뀌고 바뀌어
인연을 바라보니
싫어하던 너와의 동행을
이제는 축복으로 누리며
보석보다 빛나는
아름다운 동행으로 사랑 한다

반백년 더 가야하기에
소중하게 여기며
이야기보따리 가득 채워
거울속의 비친 너에게
웃으며 행복했다고
아름다운 동행으로 고백하고 싶다.

박수현

현) 플러스스피치인재교육원 대표
시인 - 국보문학 등단
서울시인대학 졸업
주) 재능교육 동화구연가, 주)온 소통 토론심사자
경희대학교 언론정보대학원 스피치. 토론 전공
전) 사)대한민국국보문학협회 안산지부장
영재 리더십 스피치 학원 원장

나의 가방

서해진

언제부터인가 내 어깨에 가방이 걸려 있습니다
작고 초라한 가방 속에는 영혼을 빛내줄 책과
눈비를 막아줄 우산도 있습니다
누군가에게 미소를 던져줄 향수와
누군가를 잊지 않기 위한 사진도 있습니다
어느 날 있어야할 통장이 보이질 않습니다
절망과 공포가 밀물져 옵니다
행여 길 잃어 준비해둔 나침판이
동터오는 새벽길을 가르치고 있습니다

수녀의 가방엔 위대한 가난이
숨어있듯이 보이지 않던 마이너스 통장이
새벽잠에서 막 깨어나
아침 햇살에 환 하게 웃고 있습니다
나의 가방에는 온 세상이 들어 있습니다
어디선가 항해를 알리는
뱃고동 소리가 들려옵니다
풍랑의 바다에서 조난을 당해도
내 인생의 행로에 나침판인 작은 가방이
오늘도 내 어깨에 걸려 있습니다.

아름다운 여행

한때 우리의 이별이
꽃잎도 슬프게 해놓고
둥지위 새들의 마음도
눈물짓게 했지요

개나리 민들레 피는 언덕
하늘빛 물들은 갈대숲 향해
사랑의 노래 띄워 보냈던
지난날 우리들의 추억

재회를 약속한 그날은
우릴 지켜본 별들도
우리 창가를
보석처럼 불 밝혀 주었지요

하늘정원에 다시는 이별 말자고
새끼 손가락 걸며
푸른 강물 푸른 바다로
떠나는 여행이
아름다울 뿐입니다.

들국화

지난여름 폭풍으로
황량한 들판에
들꽃 모두
어디에 숨었나

바람이 밤새
들판 달래더니
노오란 우산 받쳐 든
들꽃 피어나네

찬 서리 마다않고 별을 새며
송이송이 꽃송이
빈들에 피어나네

잎새 모두 떨쳐버린
추운 겨울이 와도 또다시 꽃피울
그 날을
가슴에 가슴에 그려보네.

오늘

동터오는 새벽
또 하루를 맞이하며
힘찬 발길로 희망의
카펫을 밟는다

계절이 흘리고 간 낙엽을 밟으며
웃음 띤 얼굴이며
슬픔 띤 얼굴들이
밀물져 오고 썰물로 사라진다

실타래 하루가
요술을 부려도
오늘을 뜨겁게 사랑하며
힘차게 노래하련다

초저녁 별빛을 안고
한잔 술에 비틀 거릴지라도
오늘이라는 새로운 닻을 어딘가에
또다시
내려놓아야 할 것이다.

침묵의 강

깊은 계곡 갯버들 눈뜨는 계절이면
숨었던 강물이
바다 향해 나래 편다

흰 물새 안고 돌며
하늘나리꽃 손짓에도
수줍음 물결에 감추며
어디론가 흘러간다

강둑에서 어느 여인의 절규에도
애타게 외면해야함은
강물도 홀로 몸부림쳐야
풍랑의 바다에 이르기 때문이다

태풍으로 폭설로 어두운 과거를
돌아보지 않는 하늘도
때로는 무지개 띄워놓고
연인들을 불러 모은다

강물 흘러 하늘엔 갈 수 없으리
한 많은 여인의 눈물인들
어이 하늘눈물보다 많으랴
더 낮은 곳으로 흘러만 가는
너는 침묵의 강물이어라.

서해진

서울 노원구 월계동 거주
백두산문학 시 부분 신인상
글로리 성북지역단 활동 中
베트남 맹호부대 참전
서울시인대학 10기 졸업, 서울시인대학 3대 동문회장
동인시집 제1호 '첫 만남의 기쁨' 공저
현) 신세계유통 전무이사

가을 인생

매산 소병우

느티나무 잎이 벚나무 잎이 가을을 품어
따스한 햇살은 방안 깊이 온기를 나르고
망중한을 즐기는 나른한 여유가
스르르 눈을 감게 하는 정오
세상의 모든 일을 망각으로 보내는 단잠

가지 끝에 매달린 여린 잎은
아직 할 일이 남았음인지
초록 옷을 벗지 못 하네

내 삶은 지금 저 나무 어디쯤에 매어 있을까
친구가 맛보라 한 연시가 유난히 노랗고
나무 중간쯤에 갈아입은 옷 빛깔이
노~란 은행나무 닮았는데
가을 햇살에 목욕 했나
느티나무 단풍은
화안한 빛을 내고 단장한 중년 여인인데
가을 빛 닮은 머릿결은
갈 길이 확연하니
어서 가라 연락 하네.

관악에 오르다

자운암 뒷길을 따라 한발 한발 자국을 옮기니
지나는 풍경은 발아래 놓이고
앙상하게 옷을 벗은 갈잎나무는 속살을 내어주며
오가는 이에게 수줍어 고개 숙이니
한 줄기 실바람이 인사하며 지나네
태산이 높다 하되 하늘 아래 뫼라 했던가
뾰족한 바위가 관악산임을 알리고
그 위에 서있으니 사방이 한 눈이네

억겁을 서있는 촛대바위는 이내 태고의 고뇌를
한 몸으로 보듬어 수많은 이야기를 전하는데
멀리 보이는 과천 경마장은 따스한 햇살 아래 한가로이
누워있고
철 지난 공원 호수는 고즈넉함이 배어나네

하늘 길로 이어지는 관악문은 천국행 열차를 기다리는 가
묘한 무늬로 열려 신비함이 가득하니
극락조가 따로 없네

연주대 십육 나한상 앞에 치성을 드리는 모습은
우리네 일상 속에 살아 숨 쉬고
수험생 합격 소리가 인생 한 고개를 넘기게 할 것인가
내어 놓는 발걸음이 한결 가볍다.

인문학 답사 기행

인문학을 배우는 길
강화도로 향하고
연미정, 고인돌, 프랑스, 외규장각 의궤, 불평등조약,
외성, 내성, 몽고 항쟁, 초지진
참으로 많은 시간을 읽어갑니다

즐거워하는 시간들
아름다운 역사 해설 선생님은
딱딱한 역사를 재미로 분장하니
초롱초롱 빛나는 수십 개의 눈들은
학창시절을 닮아
진지함과 즐거움이 하루 종일 이어지네

오두돈대 장어 맛이 소주잔과 어울리며
흐드러진 단풍은 장단을 맞추는데
포구의 저녁 어스름 잿빛은
물안개 장막 치니
신비함을 더하고
함께하는 인문학의 향기가 오롯이 흐릅니다.

시인들의 모임

시인들이 모여 자작시를
하늘을 향해 자랑인데
할 말은 저마다의 색깔을 입히고
그것이 창작인가
스티브잡스가 밟아간 길인가

가슴을 요동치게 하는 한 마디 한 마디
흐르는 선율은 소리 없이 콩나물을 그리며
마음 마음마다 노래로 새김질 하고
울려 퍼지는 박수 소리
막걸리 한 잔으로 분위기 북 돋우고

한 꺼풀 벗은 본연의 모습은
하나하나 초등학교 중학교 마음인데
세상 끝까지 이런 모습을 바라는 것은
꿈일까 현실일까
던지는 조약돌 잔물결은 파도 되어 다가오네.

겨울 외포리

칼바람이 귀를 에는 외포리 바닷가
청연한 빛의 덩어리 심해로 내려앉고
흩뿌리는 어둠이
하루를 잠재우는 시간

태공의 한가한 낚싯줄은 칼바람을 녹이고
차 안 가득한 포근한 노을
낚아 올린 망둥이 몇 마리가 물 밖 어망 속을 지키고
연인인가
다정한 부부인가
나란히 방파제에서 노을을 감상하는 모습에 정이 보이고

함께 바다 속으로 잠드는 노을을 보는 것은
우연인가 필연인가
외포리 바닷가
석양은 그렇게 말하고 있다.

소병우

(재) 서울대학교산학협력재단 부장 겸직
(재) 서울대학교산학협력단 산학협력계약 총괄 겸직
벤처크리닉 자문위원(한국기술거래소)
민간연구기관 맞춤형 R&D컨설팅 자문위원(한국산업기술진흥협회)
기술거래사(한국기술거래소)
서울대학교 근무(현재 행정대학원 근무)
한국기술거래사회 겸임교수
월간 국보문학 시 부문 신인상 수상

시·Ⅲ

시 | 셋

꽃밭에서

신승우

꽃씨를 뿌렸어요
마음씨를 뿌렸더니 사랑과 믿음과 용서의 꽃이 피어 났어요
말씨를 뿌렸더니 기도 와 찬송과 지혜의 꽃이 피어 났어요
맵씨를 뿌렸더니 아름다움 과 조화의 꽃이 피어 났어요
솜씨를 뿌렸더니 봉사와 다스림의 꽃이 피어 났어요
글씨를 뿌렷더니 과거와 현재와 미래의 꽃이 피어 났어요
더 뿌릴 씨가 없나
찾아보았더니
햇님과 달님과 별님이 미소짓고 있네요.

생명

하나님 복주시사
생명으로 잉태되어
사람이 태어나니
복이로다 복이로다

좋은 부모 품에서
세상 삶을 허락받아
금수강산 동산에서
영혼을 덧입으니

천상 복을 받았구나
천상부모 모셔다가
세상만물 다스리며
영생극락 누리리라

모래

하나님께 물었습니다.
인생의 길~고 긴 시간을 매초마다 시간을 모래알로 만들어도 되느냐고
감정의 희로애락을 형형색색으로 물들여도 되느냐고
허락 하셨습니다

1분은 60초
1시간은 60분, 1시간은 3,600초
하루는 24시간, 24시간은 1,440분, 1,440분은 86,400초
1년은 365일, 365일은 8,760시간, 8,760시간은 525,600분, 525,600분은 31,536,000초
100년은 3,153,600,000초

이 엄청나고 긴 시간들을 모래알로 바꾸었더니
한 무더기 밖에 안 되는 모래였습니다
온통 하얀 색이였습니다
형형색색이기를 찬란하기를 바랬는데…….

기쁘고 신나고 즐겁고 재미있고 행복했던 시간들도
슬프고 억울하고 안타깝고 암울했던 시간들도
몇 줌도 안 되는 몇 개도 안 되는 모래알 이였습니다
하얀 모래가 나를 일깨워 줍니다

더 많이 사랑하고
더 많이 베풀고
더 많이 이해하고
더 많이 아껴주라고…….
아름답고 찬란한 색깔의 모래알들이 될 수 있도록…….

나는 누구인가

나는 ( )이다
내 인생은 ( )이다
나는 ( )하기 위하여 태어났다
사람들에게 물어보면 각자 여러 가지 답을 이야기 할 것입니다
그러나 저보고 이야기 하라고 하면
나는 악기 입니다
내 인생은 합창이며 협주 입니다
나는 사랑하고 사랑받기 위하여 태어났습니다
세상에 수많은 신앙인들이 있고 수많은 경전을 통하여 종교가 존재하지만
가장 숫자가 많은 것이 하나님을 믿는 기독교이며 사랑의 종교입니다
하나님의 말씀은 생명의 말씀이며 사랑의 말씀이며 길이요 진리이기 때문입니다
결코 사람을 해하거나 다치게 하지 않습니다.
사람에게는 다섯 가지 독성분이 있습니다
세상을 살아가면서 혼자 우뚝 서기위하여 함부로 사용하는 경우가 있는데
마음독, 말독, 맵독, 손독, 글독

그러나 이 독성분을 화합과 사랑하는데 쓴다면
마음씨, 말씨, 맵씨, 솜씨, 글씨.

다섯 가지의 아름다운 씨가 되어 마음이라는 땅에 심겨지면
큰 나무가 되어서 나무 그늘 아래서 쉬는 사람들로 하여금
위로하고 격려하며 좋은 향기를 내어 세상을 아름답게 합니다
때에 따라서는 혼자서 큰소리를 내어 독주나 독창을 하기도
합니다
그것은 충분히 들어 줄만한 실력과 화음이 되어
보고 듣는 이에게 행복이라는 치유와
희망이라는 메시지를 줄 수 있을 때 입니다

그러나 대부분의 악기들은 작고 부드러운 소리들을 함께 내어
협연 한때 훨씬 좋은 화음이 되어 좋은 야기되고 희망이 되고
비전이 되며 치료제가 됩니다.

봄 소풍

코끝에 맺힌 향기
생초롬한 네 얼굴
내 마음 하늘하늘
아지랑이 피었어라
아이야 두 손 잡고
푸르른 들판위로
꽃바람 향기타고
창공을 날아보자
겨우내 움츠렸던
내 마음이 열렸어라
대자연 노랫소리
세상을 깨우노라
하늘이여 땅이여
노래를 부르거라
또 한 번 새 생명의
탄생을 축복하라.

신승우

안산거주
기술거래사, 기업기술가치평가사
한국해양레져보트협회 자문위원
한국기술거래사회 부회장
서울시인대학 재학 中
월간 국보문학 시 부문 신인상 수상
(사)대한민국국보문학협회 문학연구소 연구위원

찻잔 속에 담긴 소망

청포 신종훈

일평생 동안 소원과 그리움
찻잔 속에 그렸다가 품었다가
소망을 담고
영혼을 깨우치고
열 번이고 백번이고
내 마음은 찻잔 속에 녹아내리네.

찻잔에 어리는
회의(懷疑)의 빈 바다
백번이고 천 번이고
바다 냄새 뒤집어쓰라고 하네.

찻잔 속에 담은 소망은
나의얼굴이요
나의 빈 바다라네

축복의 언어

감사합니다.
하늘의 별을 볼 수 있고
바람의 향기에 파릇파릇
솟아나는 푸른 채소를
볼 수 있어 참 행복해요

고맙습니다.
무럭무럭 자라는 채소들
자연의 환경에 잘 어울리어
잘 참아 싱싱한 채소로 자라
당신과 악수 하게 되어서

축복합니다.
오늘 하루 수고 많았어요.
건강해 보이세요.
당신이 최고입니다.

사랑합니다.
언제 뵈어도 한결같은 당신
목소리와 숨소리만 들어도
당신이 누군지 알지요
언제나 푸르고 싱싱한 자태
당신을 축복합니다.

오늘도 축복의 말로 삽니다.

물결 따라 가는 길

물은 물결 따라 흘러간다.
물결은 앞에 곧게 자란 바위
휘어 자란 돌 맹이든 상관없다.
여러 모양이 있으면 있는 대로
물결을 만들어 흐른다.

우리 앞에 놓인 장애물
어떤 것들이 있나요
힘들고 어렵고 괴롭더라도
물결을 만들어 흐르는 물을 본다.
부드러움으로 소리 없이 흐르는 물결

인생의 길 물결처럼 흘러가네.
엉망진창의 길 빛나지 않은 길
굽이굽이 돌아 멀리 갈지라도
속이 쓰리고 아플지라도

서둘지 말고 서로 서로 사랑하며
이 세상 저세상 나의 꿈 소망에
다 다를 때가 있나니
벌써 행복한 강과 바다가
나를 손짓하고 있네.

희망의 가슴

기다리고 있나 아직까지
허무한 일들
흔들리고 있는 나무
튼튼히 자랐지만
바라보는 눈길은 그리워
하늘 저편을 다가갈 수 없네.

바란다. 날개가 자라기를
바람은 내 가슴으로
그대 뒷모습에 넘실대는 활화산
늘 산산 조각으로 부서지는 뜬구름
바라본다. 흔들리는 자신을

나 이제 새 생명 얻는 몸
시작된다. 그대로부터
옛 것은 지나고 새 바람이라네
산천도 초목도 새 향기로다
희망의 가슴이 울려 퍼진다.

코스모스가 웃는다.

여인의 가슴처럼 아담한
부여의 아침들판

코스모스가 웃으면
나도 따라 웃고
그녀가 흔들리면 내 마음도 흔들린다

삼천궁녀의 옷자락처럼 나풀대던
코스모스의 웃는 소리
지금도 마음에 선하다.

신종훈

강원도 철원 출생 , 서울금천구 거주
한국 자연건강회 금천지부장
대한신학, 창원기능대(금형),산업기술대학(금형) 구)F.I.C
성균관대학 유학대학원(다도), 한국방송통신대(경영학),
한국방송통신대학(농학과) 졸업
현)한국방송통신대학(국어국문학과) 4년 재학 중
현)현대기아기술연구소 기아다자인기획지원팀 근무
현)서울 시인대학 재학 중
현)월간 국보문학 회원
현)방송대 문우사랑 문학회 회원
현)(사)대한민국국보문학협회 정회원
도전 한국인상 (자격증 57개) 수상

축복의 날

이복연

하얀 새날
하늘 땅 웃고
달과 별 하나 되어
온 누리 더덩실 어깨 춤

힘차게 치솟는 태양 아래
보금자리 틀고
장미향 진동하는 궁전에 쌓여
교향곡 첫발 떼니

얼굴마다 기쁜 환호성
풍성한 마음
희망 가득
하늘의 축복 빌었네

그날의 영광 가슴에 안고
배려와 겸손 사랑으로 승화
가문의 보석 되어
천년만년 자자손손
영원히 빛내시라.

당신의 해가 되소서

새해 아침
동해의 용트림하며 치솟는
용광로 불기둥 눈부심으로
장엄하게 하늘이 열렸습니다

여의주 물고 구만리 창공을 나는
비룡(飛龍)의 모습으로
대지를 박차고
천지를 진동하며
서운(瑞雲)을 감아 입고
서광을 비추며 오르셨습니다

올해는 당신의 해
잠용(潛龍)에서 와룡(臥龍)으로
다시 비룡으로

예순 돌을 맞는 당신
용대(龍帶)를 감고 탄생하신 당신
세상의 질곡을 끈질기게 딛고
그 어려운 금융위기까지 이기고
끝내는 우뚝 서신 당신

온몸을 달궈 버텨온 세월
부싯돌 불씨 얻어
장작불 피워 올려
추위를 이겨내신 당신
열정의 불사조(不死鳥)

대자연 앞에 한 점 부끄럼 없이
꺾일 줄 모르는 의지
식을 줄 모르는 열정
굽힐 줄 모르는 집념
변할 줄 모르는 사랑
지금의 당신입니다

마음껏 꿈을 펼치신 인생길
어깨 펴고 양쪽 날개 힘껏 펼쳐
그 날개로 세상의 재앙을 덮게 하소서

임진년(壬辰年)
이루어지는 모든 일들이
당신을 향해 용솟음 치고
매듭 없이 풀리는 형통함이
당신의 얼굴위에 함박웃음으로
터지게 하소서

건강한 삶이
당신을 천수까지
떠받들게 하소서.

단란한 시간

인간사 접어 두고
풍선 가슴
솜털 구름에 태우고
탐라국에 내린다

푸른 치마 펼쳐진 위
버선발로 걸어오는 다리미
초가지붕이고 누운 *씨에스
어머니의 품속이네

휘늘어진 야자수
너울너울 춤추고
수줍음 타는 동백꽃
선혈을 토해낸다

하늘 맞닿은 곳
한줄기 바람결에
부르는 소리
세월아 멈추어라.

* 씨에스: 제주도 서귀포시에 있는 호텔

기다림

하얀 이불 쓰고 누운
산등성이마다
기지개 켜는 소리

화들짝 놀란 나목들
땅속 물줄기 뿜어
분주히 움직이고
절벽 얼음장 밑엔
끊어질 듯 이어지는 물줄기

솔 내음 가락 타고
산길 굽이돌아
환한 미소 머금은 자태

소리 없이 다가서는 당신
목마르던 기다림
숲 속 음악회에 초대되어
미풍으로 감싸이던 날

우리의 아픈 영혼
사랑으로 승화되어
산수유로 피어난다.

단풍든 눈물

가을 빛내주던
눈 시린 은행잎
지나가는 바람
치마를 벗는다

자연의 순리
마음은 잿빛 되어
시리도록 쓸쓸한 모닥불

오랜 시간 속앓이 하던
그리움으로
타들어가는 잿불 온기
아린 아쉬움 잉태하여

등황빛, 연지빛, 쪽빛, 치자빛
청순한 색감 안고
흔들어대야 할
손수건

가을은
하늘이 만들어 낸
한 방울 눈물.

신비로움

넌 마술사
솟구치는 열병과 혼란 속에서도
달콤한 향기로 다가와
보름달 뜨게 하는걸 보면

초록 잎 하늘대는
봄 길에 만나면
포근한 솜사탕 되어
어머니의 치마폭으로 감싸주더니

거센 바람으로 달려와
기둥까지 흔들흔들
대단한 위력도 지녔더라

가을로 가는 꽃길엔
맑은 하늘도 선사하니
기쁨과 슬픔을 맛보여주는
요술쟁이가 분명한 게야.

둥지 튼 파랑새

그것은
가슴속
가까운 곳
어디에 있었나

보이지 않아서
보지를 못하고
먼 곳으로만 찾아 나섰더니
더 멀리 달아나 버린다

이해와 용서
배려와 포용
미움과 이기심 잘라냈더니
차디찬 가슴
따사로운 온기로 녹아온다

마음눈 활짝 열어
감사를 담아두니
더 큰 사랑이 하늘만 하여
풍선 타고 나른다

은하단 거리만큼
바다 깊이만큼
만날 수도
찾을 수도 없는 너
내 안에 잠자고 있었다.

이복연

시인, 시 낭송가
서울시인대학 졸업
한국방송통신대학 교육학과 졸업
보육교사 1급, 서울시인대학 홍보이사 (현)
서울시인대학 첫시집 첫만남의 기쁨 편집국장 역임
국보문학협회 내마음의 숲 동인지 편집부국장 역임
대한민국 국보문학협회 총무국장 역임
대한민국 국보문학협회 홍보이사(현)
한국낭송문학 협회 홍보위원(현)
공저: 첫 만남의 기쁨, 내 마음의 숲

행복

이정선

무에서 유를 창조
안개에 가려진 내안의
구겨진 삶
피폐 되어 갈기갈기
짓이겨져 공중회전에
이별여행을…….

머리에서 가슴으로
가슴에서 발끝으로
여정을 내려놓은 순간
잰 걸음에 달려와 반기는
꽃들의 향기와 웃음

아!!
얼마만의 웃어 보는
기다림의 시간인가
바닥끝에서 건져 올린
싱그런 행복한 삶의 향기
수직 아닌 수평이 되어
무지갯빛 청사진 꽃피운다.

호박꽃

오렌지 꽃잎 햇살
잉태를 하려나
새벽까지 참았던 빛을 모았다가
해가 뜨면
한꺼번에
노란 웃음으로 태어난다.
원통을 닮은 맷돌처럼
피었다가 지고 또 피고
이웃 아낙의
그저 그러한 몸 불림처럼
치장을 하지 않은
넉넉한 아름다움
세상의 눈치를 보지 않고
비바람에도
푸념 한 마디 없이
서서히 밖으로 나와
너그럽고 풍족한 웃음을
아침 하늘로 보낸다.

발가벗은 소나무

-k화백-

우주 공간속의 강렬한 빛으로
탄생한 그대
정열과 고독의 몸부림으로
달관의 경지에 올라섰는데
추락의 날개로 꺾이고 말았다

욕심은 죄라 했거늘
그 카리스마는 어디로
날아가고
에고이스트가 되어
발가벗어 버렸나

그대여
사랑은 베푸는 것처럼
자신을 옭아매지 말고
기다림 끝에 단비처럼
때를 기다리는 것

하동메밀밭의 전주곡

보름간의 대장정이
기다리고 있을 줄이야
소녀의 사랑이 깃든 살살이
전설속의 연인 메밀꽃이
앞 다투어 마중 나와 있었다.

한마당잔치로 피어나니
질투의 눈망울
후드득후드득

누군가를 위해
기다렸을까
닫혔던 마음이
열린 순간

알 수 없는 뜨거운 울림
보름간의 노곤함이
가시듯
입가엔 홍조가
함박웃음으로 핀 순간
눈물이 하늘을 휘감는다

가을, 당신 보내며

한없이 아름다운 자태
잉태(孕胎)하시어
이맘 깊숙이
사모케 하였는데 가시려 하나요

쉬 돌아 올수 없는 그곳으로
이맘 모르는 그대여
정녕 가시려나요
눈물이 고여 옵니다

임 보내기 서러워
그대 오신지 석 달여
정은 깊은데
가시려 고요

이제 가시는 임 잡지 않고
성숙을 위한 연습으로
완숙미의 연인이 되기 위해
다시 만나요

성숙의 열매 탐스럽게
맺기 위한 이별 연습
가는 가을
보내는 여심

허수아비

누더기 옷 한 벌에
행복한 나
반겨주는 이 있어
포만감에 안겨 보네

낮은 곳 그늘진 사람들
그들을 위해 혼을 불태우랴
흙으로 돌아간들
그 무엇을 두려워하리

가파른 산등성이라도
함께 하기에
그들이 있어 마냥
즐겁기만 하구나

이정선

전주 기린문학회 회원
여름호 백두산문학 시 부문 등단
전주문인협회, 인천연수문학 회원
서울시인 대학 졸업, 시인대학 2대 동문회장
(사) 한국효도회 전북지부 이사 (현)
(사) 전북여성단체연합회 회원 (현)
제22회 (사)한국효도회 전북지부 효행상 수상자
제15회 노인의 날 효행상 (전주시장 상)수상

만경강 옛 나루터

정기환

강물은 간데없고
노을만이 타는 만경강
옛 나루터

오가던 뱃선을
움켜쥐고 한사코
따라나서던 그 고운 달은
서울로 가고

허름한 무명바지
아무렇게나 걷어붙이고
뱃노래도 아닌 아리랑을
구성없이 불어대던
그 젊은 뱃사공도
달을 따라 서울로 갔을까 낡은 나룻배는 어느 헛간
구석에서 기인 해골로
썩어 간다 해도

만경강은
그 많은 아들딸이랑
논과 밭을
잊을 수 없어
이 땅에 어머니로
남았단다,

머얼리 보이는
호남평야
푸른들 굽이굽이
휘돌아 가는 엄마가
가물가물 사라질 땐

왠지 왠지
눈물이 나더이다.

정기환 ....

독학으로 교사 검정시험에 합격
독학으로 영어 통역자격 획득
영어통역 봉사 자 지망자를 위한 교육 봉사
무주, 전주 동계 유니버시아드 대회 및 많은 국제 대회에서 영어 통역
전라북도 국제협력 서포터즈 영어 팀장 역임
전주도서관사랑연합회 회장 역임
전북 문인협회 회원, 전라시조문학회 회원
전주기린문학회 회원

시·Ⅳ

시 | 넷

- 윤정단 | 가을 자작나무 외
- 임현숙 | 생각 외
- 전미야 | 햇살바라기 외
- 정다겸 | 바람과 구름과 별 외
- 최병룡 | 그대 머문 자리 외

가을 자작나무

윤정단

고향
가는 길에
자작나무숲

겨자빛 노랑비가
톡 토독
떨어지는데

언뜻언뜻 보이는 건
우리엄마
하얀
명주 치맛자락

단정하게 여민허리
하도 고와서
두 손으로
살포시 감싸 안으면

포근하고
부드러운
우리엄마 젖무덤

엄마 품이 좋아서
만지고
또 만지면

엄마가
보고 싶어
혼자 웁니다

옷고름 따라서
엄마얼굴
쳐다보면

빙그레
웃으시며
하시는 말씀
명주처럼
부드럽게
살라하시고

눈물한번
훔치고
다시보면은

하늘 향해
하얗게
살라하시네.

그리움

파르르 떨리는
나뭇가지 사이로

구름이
잿빛 구름이
바람에 밀려간다

언뜻 언뜻 보이는
회색 구름사이로
대문열고
기다리신
엄마가 보인다

세월에 밀려
떠나간
그리운
얼굴들이 보인다

금방이라도
하이얀
구름사이로
“나왔다”하고
웃을 것 같은

보고 싶은
얼굴들이 보인다
그리운 이들이.

그날이 오면

가슴에 기쁨 가득
손끝엔 사랑 가득

엄마의 정성
엄마의 사랑
고향의 향기

달려오는 아이들
품에 안고
일 년 웃음 하루에
다 웃으시는
우리 엄마

하룻밤 자고가면
텅 빈 방에
아픈 몸
혼자
뒹굴지라도

없는 것도 만들어서
먹이고 싶은
우리 엄마

세상에서
가장 기쁜 순간
부모 자식 만나
큰 웃음 웃는 날
명절.

가을 담쟁이

하얀 벽
따라 따라
하늘만 바라보며

높게
더 높게

푸르게
더 푸르게
올라갔더니

어느새
빠알갛게 빨갛게
물이 들고

한잎
또 한잎
띄워 보내면

앙상한 가지에
방울 방울
얼음 눈물
맺히는데

푸른 추억들이
흰구름 되어
파아란 하늘을
맴돈다.

구절초 옆에서

창포물에 머리감아
단아하게
낭자하고

명주 흰 저고리
입으셨던
우리 엄마

엄마 하고 달려가면
포옥
품에안아
구절초 꽃 삔 꽂아주며

예쁘게 예쁘게
살라셨던
우리엄마

무서운 것 하나 없던
우리엄마 품속

오래오래
머물고 싶던
우리 엄마 품속

너의 향기
달콤한 엄마 내음
지혜로운 우리 엄마
한국의 어머니

그때도
넌
이렇게 웃고 있었지
다소곳이...
환하게...

윤정단

미술대학원 석사
국전 특선작가(서양화), 국전 특선 및 수회 입상
개인전 3회 예술의전당, 한가람미술관, 무역센터 갤러리
국내외 초대전 및 교류전, 그룹전 수회
(일본, 미국, 프랑스, 오스트레일리아)
현재 : 대한민국미술협회 회원, 전업미술작가협회 회원
대한민국아카데미미술협회 운영위원 · 이사 · 심사위원
대한민국수채화작가협회 재무이사 및 심사위원
월간 국보문학 시 부문 신인상 수상 및 편집위원

생각

임현숙

흩어진 조각들을 맞추듯
잃어버린 시간을 맞추며
머물고 싶은 그 시간 속으로
되돌아 가 본다.

흘러가 버린 세월의 시간만큼
맞추어도 맞춰지지 않는 시간이
그리움으로 남아 있는 그림처럼
자꾸 그려진다.

거울 속에 비추어진 모습이
점점 낯설어지는 타인 같고
머릿속에 남겨진 모습들은
가슴에 묻어둔다.

이별이 익숙할 때도 되었건만
떠나보내지 못하는 모습들은
생각의 보물 속에 고이 넣고
마음을 닫는다.

(2012년 그리움이 가득한 날)

가을

가을이 오기 전에
할 일들이 많았는데
가을이 성큼 와 버렸다
준비되지 않는 만남처럼

무덥고 힘들었던
여름을 아직 보내지 못했다
이별은 늘 이렇게
서툴고 어색하고 불편하다

이별과 만남의 길목에서
어설픈 미소를 지어본다
해야 할 많은 일이
분주하게 가을을 맞는다

내 인생의 마지막
가을이 다가오는 어느 날
만남과 이별 앞에서
환하게 웃어 주리라.

(2012년 여름을 보내며)

바다

나를 재미있게 해준다
아무 말이 없는 것 같지만
많은 이야기를 들려준다
쉼 없이 밀려오는 파도와 함께

나를 평안하게 해준다
내 어깨를 다독거리지 않지만
내 흐느낌을 들어준다
바닷속의 모든 소리와 함께

나를 겸손하게 해준다
어떠한 말로 가르치지 않지만
내 교만을 부끄럽게 한다
거대한 배를 품는 모습과 함께

나를 잠자게 해준다
감미로운 자장가를 불러주지는 않지만
내 두 눈을 감기게 한다
세상을 잠재우는 큰 힘과 함께

(2012년 초가을)

송편

올해도 어김없이 찾아온 추석
올해도 어김없이 송편을 빚는다

송편 반죽은 뜨거운 물로 하는 거야
어릴 때 엄마는 가르쳐 주셨다

예쁘게 빚어야 시집가서 예쁜 딸 낳지
엄마는 그렇게 송편 빚는 법을 가르쳐 주셨다

내가 48번째 맞이하는 추석
엄마 없이 22번째 맞이하는 추석
27번째 딸과 함께하는 추석

반죽은 뜨거운 물로 하는 거야
예쁘게 빚어야 예쁜 딸 낳지
딸에게 송편 빚는 법을 가르친다

오늘은 엄마가 더 그립다

(2012년 추석 송편 빚으며)

아버지

아버지를 미워했던 긴 세월이 아쉽습니다
사랑하며 살아도 이렇게 짧은 시간이라는 것을
왜 이제야 알았을까요?

늘 우리 곁에 계시지 않는 아버지를 그리워하다
그리움은 미움으로 변했었습니다

어린 나이에 아버지 곁을 떠나
시집가는 제 뒷모습을 보고 한없이 우셨다는 사실도
너무 늦게 알았습니다

큰 바위 같던 아버지는 세월과 함께 부서지고 또 부서지고
지우개로 지우듯 지워지고 또 지워지는 아버지의 추억

아버지
사랑합니다

제 손을 잡고 계신 아버지의 손을
오래오래 잡을 수 있게 해주세요
아버지를 미워했던 긴 세월보다
더 오래 잡을 수 있게 해주세요.

(2012년 추석 아버지와 함께)

임현숙

월간 국보문학 시 부문 신인상 수상
한일장신대학교 졸업, 수원대학원 졸업
시인대학 졸업, 현)안산방주교회 담임목사.
현)안산방주요양원 원장
(사)대한민국국보문학협회 정회원
동인시집 '첫 만남의 기쁨'(2011)

햇살바라기

多仁 全美也

세상 등지고 우두커니 앉아
머리 늘어뜨리노라면
서러움에 안긴다

머릿속엔
아리도록 서걱대는 바람이 일고
뼈마디마다 파고드는 삶의 파편들

길모퉁이 돌아서며
한 줌씩 한(恨)을 묻어두면
시린 가슴에 그어지는 햇살 한 줄.

비오는 날이면

종일을 내리는 빗소리
그리운 이의 발자국소리 같아
눈 감으면
천리로 달아나는 저 허공
빈 거리로 나와
걷다가 걷다가
주저앉는 그곳
밤 깊어도 지워지지 않는 그리움은
빗속에도 별무리로 뜬다.

황 사

바다 건너
고비 사막 어디쯤에서
날아온 황사

그 마른 땅에도
꽃비 내리는 꿈이 있었던지
푸른 잎들에 내려앉는다

바람이 지나간 자리
물결처럼 밀리고 나면
숨 막혀 터지는 봄날의 기침

흐트러진 햇살 아래 앉아
그림을 그린다
꽃비 내리는 꿈을.

물방울

풀잎에
물방울 하나

아픈 세상 건너며
난간에 알몸으로 매달려
그리움으로 살아온 날들

세상 무게 힘겨워
바람 스치면 또르르 구를 것 같은
그 한 알에

작은 근심일랑 날려 보내고
풀잎에 사랑의 말 전한다

한낮의 햇빛이면
사라지고 말지라도
그 짧았던 인연의 기억
다시 품으리라고

징검다리

마른 억새풀 하얗게 피면
신작로 너머 시냇가 너럭바위에
유년의 꿈 널리고

잠길 듯 흘러간 세월
이젠 무얼 놓았는지

흐르는 시냇물 사이로
동심을 낚는
징검다리 하나 둘 셋.

전미야

한국문인협회 회원, 한국수필가협회 회원
(사)월간 한울문학 詩, 수필 신인상 수상
(사)월간 한울문학 작가상, 국보문학 청솔문학 대상 수상
대한민국문화예술진흥회 6회 서정문학 대상 수상
문화복지신문 제1회 수필 대상 수상
(사)대한민국국보문학협회 문학대상 수상
제1회 백호문학대상 수상
(사)대한민국국보문학협회 수필분과 부회장
대한민국환경문화 대상 수상(2010)
시집: 『이제 울지 않으렵니다』 수필집: 『아름다운 동행』
서울시인대학 졸업

바람과 구름과 별

정다겸

꽃바람은
간지럼 장이
바람이 머문 자리
까르르 까르르

뭉게구름은
꿈 장이
구름이 놀던 자리
파란 꿈 하얀 꿈

밤하늘의 별은
주인공
별이 무대 오르면
세상은 반짝반짝

산아! 들아

산아! 산아
네가 좋구나
푸른 네가 좋구나

네가 날 불렀느냐
달궈진 태양 식히고
향기바람 유혹하더니

지친 몸 쉬어가라고
속상한 맘 어루만지며
사랑 노래 온몸 휘감네.

들아! 들아
네가 좋구나
광활한 네가 좋구나

네가 날 불렀구나
초록 물결 그려 넣고
들꽃향기 입히더니

넓은 마음 품으라고
오감을 키워주며
행복노래 심어주네.

초하

산
들
바다
초록 한 아름
품었구나

몸
마음
영혼
초록빛 향기
나풀나풀

내 손을 잡아줘요

지금 할 수 있는 유일한 몸짓
온 힘을 다해 팔을 뻗는 일

눈꺼풀에 힘을 모아보지만
이내 털썩 주저앉아버리고
굳게 닫힌 입을 열긴 했으나
말 한마디 꺼내지 못하는구나.

지금 할 수 있는 유일한 몸짓
온 힘을 다해 팔을 뻗는 일

내 손을 잡아줘요. 어서
아직 뜨거운 피가 끓어요
내 손을 놓지 마요 제발
허공에 홀로 남게 말아요

내 손을 잡아요. 놓지 마요
하늘가는 길 외롭지 않게.

당신이 좋습니다

말없이 웃음보이며
내 곁에 있어준
당신이 좋습니다

불편한 새우잠 아랑곳없이
손 뻗으면 닿을 수 있는
당신을 사랑합니다

짜증과 투정으로 얼룩지고
통증에 신음할 때 함께해준
당신이 있어 행복합니다

슬픔, 아픔, 괴로움이
이 내 맘 강물 되어 흐를 때
당신으로 말미암아 웃습니다

오늘처럼 내일도
함께 있어 줄
당신이 좋습니다.

사랑 비

아침을 깨우는 사랑 비는
미소를 머금게 하고
가슴에 불을 지핀다.

촉촉이 내리는 빗방울에
임의 목소리 실어
그리움을 걸어 놓는다.

바람이 지나간 자리에
커다란 웅덩이 하나
그 속에 비가 내린다.

한 발이 잠기고
또 한 발이 닿는 순간
빗물 속에 이미 내가 있었다.

정다겸

월간 국보문학 시 부문 신인상 수상
강사문인협회 이사, 경기문학포럼 부회장
서울시인대학 홍보대사, (사)대한민국국보문학 정회원
국제웰빙전문가협회 본부장
스마트평생교육원 사회복지과 겸임교수
다겸웃음심리연구소장
저서: 내 마음의 숲 동인지, 성공을 위한 리허설 외 다수

그대 머문 자리

최병룡

차마 뒤 돌아 보지 못하고
손 흔들며 기약 없이 떠나던 날
소중한 당신이기에 뜨거운 가슴으로
내 곁에 머물고 가라 하리라

그대 스쳐 온 훈훈한 바람결이
가슴 저리도록 내 곁을 맴돌다가
그대 향한 그리움 하얀 꽃으로 피어나리라

오늘 하루 그대를 향한 熱病 남기고 떠난다 해도
그대 머문 자리 하얀 목련 뚝뚝 떨어지는 날
내 슬픔은 바람타고 세상 밖으로 훨훨 날아가리라

설령 당신의 바람이 비껴간다 해도
다시 만날 그 날까지 그리움 담아
붉은 花冠을 쓴 당신의 그대가 되리라

구절초 향기

우연찮게 "청향의 바위를 뚫고 나온 구절초"의 글밭을 만나
나는 친구가 되어 구절초의 말벗이 되었다
글 길을 걸으며 그간 지내온 고통의 세월
힘들었던 일 아팠던 일
마음고생들을 다 털어 놓았다

그가 겪은 지난날의 질고의 투병생활
태평양을 건너 이역 밴쿠버의 요양생활은
고독과 절규의 나날 이였다
넘어지지 않고 지탱해온 것은 생에 대한
좌절하지 않은 의지와 문학에 대한
소녀 같은 감수성 그리고 열정과 집념
철저한 뉴스타트 생활과 진리의 말씀이었다

생명에 대한 경외감 창조주에 대한 무한한 감사
그리고 진리가 너희를 자유케 하리라는
말씀은 목숨을 지탱하는 생명줄이었다

시간 가는 줄 모르고 나누던 정담
청순하고 아름다운 모습에 눈이 갔을 때
그만 그의 자태에 넋을 잃고 말았다

외롭고 아파하는 구절초의 향기에 젖어
떠나지 못하고 그의 아픔이 내 아픔이 되고
그를 청향! 구절초라 불러주었을 때
그는 내안에서 점점 꽃으로 피어나
미소 짓고 있었다

한날 몸짓에 불과했던 그 꽃이
내 가슴속에 점점 그리움으로 쌓여갔다
그건 사랑이었네.

새벽을 열다

바람이 분다고 새벽이 열리는 가
새벽을 여는 것은 바람소리가 아니다
새벽을 여는 것은 시장의 장사꾼 소리다
자~ 사려 자~ 사려

비가 온다고 새벽이 열리는 가
새벽을 여는 것은 빗소리가 아니다
새벽을 여는 것은 바다로 나가는
뱃고동 소리다
뿌우~ 뿌우~

천둥이 친다고 새벽이 열리는 가
새벽을 여는 것은 천둥소리가 아니다
새벽을 여는 것은 먼발치 들려오는
기차 소리다
칙칙 폭폭! 칙칙 폭폭!

눈이 온다고 새벽이 열리는 가
새벽을 여는 것은 눈 소리가 아니다
새벽을 여는 것은 예배당의 종소리다
땡그랑! 땡그랑!

달이 빛난다고 새벽이 열리는 가
새벽을 여는 것은 달빛이 아니다
새벽을 여는 것은 논두렁 나가는
할아버지의 기침 소리다
어흠~ 어흠~

별이 빛난다고 새벽이 열리는 가
새벽을 여는 것은 별빛이 아니다
새벽을 여는 것은 첫 닭의 울음소리다
꼬끼오~ 꼬끼오~

사모곡

세상에서 가장 부르고 싶은 이름
님은 갔습니다
눈도 감지 못하고
갔습니다
홀로 두고 갔습니다
말없이
산 너머
다 털고
멀리 멀리
갔습니다

세상에서 가장 보고 싶은 사람
세상에서 가장 따뜻한 가슴
세상에서 가장 그리고 싶은 얼굴
세상에서 가장 부르고 싶은 노래
세상에서 가장 잊지 못할 기억
세상에서 가장 맛 잘 내는 손맛
세상에서 가장 듣고 싶은 음성
그 음성
나는 오늘도 마침표 없는 어머니의 노래를 부른다.

겨울한강

겨울도 막바지 물안개 피어오르던 한강
숨죽여 속으로 앓던 긴 아픔
이제 기지개 펴며 작은 물결을 편(핀)다
사랑이든 그리움이든 인간만의 전유물은 아니다
어제 밤 물줄기도 그리움에 통곡할 때가 있다

속으러 속으로만 타들어가는 열병
가슴 아리는 고독에 빠질 때
보듬어 주던 한강변의 달맞이 꽃
저편 마른 그 언덕엔 하얀 눈만 쌓여있네
겨울잠을 자던 물고기도 간지러워
빛으로 엮어져 가는 물결 따라 눈을 비빈다

아! 그리도 기다리던 봄 여울목에
뻐근한 육신의 통증
긴 침묵이 몰고 온 그리움
절망하기엔 너무 빠른 세월
넋 놓고 지내온 세월의 질-곡
지하철 안에서 본 겨울 한강의 침묵

긴 역사의 흔적을 남긴 물줄기
남은 것은 없어도 상처는 깊숙이 박혀
고난의 역사를 뒤척이는 시간
그리도 애태우던 물줄기는 침묵을 깨트리려한다

〈2012, 2, 15일 한강 잠실대교를 건너 프레스센터 출판기념회에 가며 한강물을 바라보니 갑자기 내 머리를 뒤흔든다. 그래서 이런 글을 쓴다.〉

최병룡

월간 문학21 시 부문 신인상 수상
생활문학 이사
한올문학 이사
선사랑 드로잉 고문

첫 만남의 기쁨

서울시인대학 동인시집 제 2 호

첫 만남의 기쁨

초판인쇄일 2012년 10월 18일
초판발행일 2012년 10월 20일
· 펴낸이 임수홍
· 지은이 최병준 외
· 추진고문 김블라시오
· 추진위원장 서해진
· 편집위원장 이복연
· 편집위원 소병우 · 김해리 · 김백곤

주소 (우)134-813 서울시 강동구 길동 395-3 2층
펴낸곳 도서출판 국보
전화 (02) 476-2757~2758
FAX (02) 476-2759
웹카페 http://cafe.daum.net/poet01
E-mail : semi153@paran.com

정가 12,000원
ISBN 978-89-93533-39-2 00800